Inhalt

Emissionsrechte - CDM/JI-Mechanismen ändern sich

Kernthesen

Beitrag

Fallbeispiele

Weiterführende Literatur

Impressum

Emissionsrechte - CDM/JI-Mechanismen ändern sich

I.Zeilhofer-Ficker

Kernthesen

- Durch das Abkommen von Durban im Dezember 2011 erhielt der EU-Emissionshandel bis mindestens 2020 eine stabile Rechtsgrundlage.
- In Europa gibt es einen Überschuss an Emissionszertifikaten, wodurch die Preise auf unter sieben Euro pro Tonne CO_2-Äquivalent gefallen sind.
- Zunehmend werden Emissionsgutschriften aus CDM- und JI-Projekten zugeteilt.
- Ab April 2013 dürfen in Europa keine Gutschriften aus CDM-Projekten zur Adipinsäureherstellung mehr eingesetzt

werden.
- Zudem werden neue Projekte nur noch zugelassen, wenn Sie in den am wenigsten entwickelten Ländern (Least Developed Countries LDC) verwirklicht werden.

Beitrag

Das Kioto-Abkommen als Basis

Mit dem Kioto-Vertrag zur Reduzierung der Treibhausgasemissionen wurde vereinbart, dass die teilnehmenden Industrieländer einen Teil ihrer Emissionseinsparungen in weniger entwickelten Ländern erbringen können. Diese Erleichterung sollte dazu dienen, dass Einsparungen dort verwirklicht werden, wo sie am wenigsten kosten. Gleichzeitig sollte damit ein Mechanismus geschaffen werden, der eine umweltfreundliche Entwicklung in den Ländern der Dritten Welt sicherstellt, indem man diesen unterentwickelten Staaten Technologien zur Energieerzeugung oder industriellen Produktion zur Verfügung stellt, die nur wenig klimaschädlich sind. Das Verfahren der Investition in umweltverträgliche Entwicklung wird Clean Development Mechanism (CDM) genannt. Unternehmen und Organisationen, die Projekte entsprechend der CDM-

Voraussetzungen in Entwicklungsländern durchführen, erhalten dafür Emissionsreduktionszertifikate (CER Certified Emission Reductions), die bei den Behörden des Emissionshandels in Emissionsberechtigungen umgetauscht und so für den Ausstoß von CO_2 in Europa eingesetzt werden können. Ähnlich funktionieren die sogenannten Joint Implementations, Investitionen in Klimaschutzprojekte in Industrieländern, für die die Investoren ebenfalls CER erhalten können. (1), (5)

Da sich die Hauptemittenten von Treibhausgasen (vor allem USA und China) lange gegen ein verpflichtendes Vertragswerk gesperrt haben, war unklar, ob es für das Kioto-Abkommen und die daraus entstandenen Werkzeuge wie den Emissionshandel und die CDM-Projekte überhaupt eine Zukunft geben würde. Zudem wurde der Sinn einer Weiterführung des Vertrages angezweifelt. Bei Abschluss der Verpflichtung wurde von den Kioto-Vertragsstaaten 60 Prozent aller Treibhausgase in die Umwelt abgegeben. Durch die rasche Entwicklung der Schwellenländer China, Indien und Brasilien ist der Anteil zum Jahr 2011 auf nur noch 30 Prozent gefallen. So verpuffte die erzielte Reduktion der Kioto-Partner um rund elf Prozent des Ausstoßes zum Basisjahr 1990. Trotz der Erfolge der Kioto-Staaten stiegen die CO_2-Emissionen weltweit um 40

Prozent an. (2)

Die Tatsache bleibt, dass es ohne eine gravierende Reduktion der Treibhausgasemissionen zu einer globalen Klimaerwärmung kommen wird, die katastrophale Auswirkungen auf den gesamten Planeten zur Folge hat. Im Dezember 2011 hat sich die Staatengemeinschaft der UN in Durban/Südafrika dazu geeinigt, einen rechtsverbindlichen Vertrag zur Reduzierung der Klimagase bis zum Jahr 2015 zu entwickeln, der spätestens im Jahr 2020 in Kraft treten soll. Parallel dazu haben sich die Kioto-Vertragspartner (außer Kanada) für eine Fortführung des Vertrages bis zum Inkrafttreten eines neuen Vertragswerkes (längstens bis zum Jahr 2020) verpflichtet. Die Partner mussten bis Mai 2012 ihre neuen Minderungsziele bis zum Jahr 2020 an das Klimasekretariat melden. Damit ist eine sichere Basis für den EU-Emissionshandel sowie der Mechanismen von CDM- und JI-Projekten zumindest bis 2020 geschaffen. (1), (3), (4)

Zertifikate-Überschuss in Europa führt zu Kritik

2013 startet der Emissionshandel in Europa bereits in seine dritte Handelsperiode. Unklar ist noch, von welchem Emissionszielwert dafür ausgegangen wird.

Die EU-Staaten haben sich zwar bereits auf eine Reduktion um 20 Prozent zum Basiswert von 1990 verpflichtet, dieses Ziel ist aber durch die Wirtschaftskrise jetzt schon fast erreicht. Alle EU-Länder mit der Ausnahme von Polen sind deshalb bereit, das Ziel auf 30 Prozent Emissionseinsparung zu erhöhen. Das würde nicht nur dem Klima helfen. (6)

Im Jahr 2011 wurden von Industriebetrieben in der EU zwei Prozent weniger CO_2 ausgestoßen als noch im Jahr zuvor. Insgesamt summierten sich die Treibhausgasemissionen der rund 12 000 Anlagen auf 1,89 Milliarden Tonnen. Für diese Emissionen müssen die entsprechenden Betriebe Emissionsrechte abgeben. Der rasante Ausbau der erneuerbaren Energieerzeugung sowie die Wirtschafts- und Finanzkrise in Europa haben dazu geführt, dass von den Behörden wesentlich mehr Zertifikate zugeteilt wurden, als nun benötigt werden. Außerdem ist der Überschuss durch viele Gutschriften von CDM- und JI-Projekten noch gesteigert worden. Die EU geht deshalb davon aus, dass es aus der zweiten Handelsperiode 900 Millionen überschüssige Emissionsrechte gibt. (7), (8)

Insgesamt wurden seit 2008 Zertifikate für 7,83 Milliarden Tonnen CO_2-Äquivalent zugeteilt. Etwa sieben Prozent, nämlich 556 Millionen Gutschriften, stammen aus CDM/JI-Projekten, die bei der UN registriert sind. 29 Prozent der CDM-CER wurden von deutschen Unternehmen genutzt. Mehr als die Hälfte aller CDM-Gutschriften stammen von Projekten, die in China realisiert wurden, weitere 20 Prozent aus Indien. Ob nun gerade diese beiden Länder weitere Entwicklungshilfe über CDM-Projekte brauchen ist umstritten. Außerdem stammt ein erheblicher Anteil der Gutschriften von sogenannten Industriegasprojekten - auch hier wieder überwiegend in China realisiert - die sehr in die Kritik geraten sind. Diese Gase (hauptsächlich Lachgas) wirken stark klimaschädigend - Lachgas ist beispielsweise 310-mal so schädlich wie Kohlendioxid. Sie entstehen als Koppelprodukt bei der Produktion von Adipinsäure, die wiederum Basis für die Polyamidherstellung ist. In den CDM-Projekten werden diese Industriegase neutralisiert bzw. zerstört, wofür Emissionsgutschriften zugeteilt werden. Auf diese Weise lässt sich nach Kritikermeinung viel Geld verdienen, vor allem, wenn - wie behauptet - die Produktion von Adipinsäure künstlich erhöht wird, um möglichst viele Zertifikate zu erhalten. (1), (8), (9)

Der Zertifikate-Überschuss hat mittlerweile große Auswirkungen auf den Preis für Emissionszertifikate an den Börsen. Innerhalb eines Jahres hat sich der Marktpreis für eine Tonne CO_2-Äquivalent auf unter sieben Euro halbiert. Diese Situation hat negative Effekte; die umweltschädliche Produktion mit hohen

CO2-Emissionen ist im Vergleich zu den Vorjahren wieder billiger und damit attraktiver geworden. Vor allem die Energieerzeugung aus der besonders schmutzigen Braunkohle lohnt nun wieder. Außerdem stehen damit weniger Fördergelder für die geplante Energiewende zur Verfügung, die sich aus den Einnahmen des Verkaufs von Emissionsrechten speisen. Ein ambitioniertes Einsparungsziel der EU würde dem Preisverfall entgegenwirken, die Zuteilungsquoten senken und mehr Geld in die Staatskassen spülen. Investitionen in klimaschonende Technologien wären für die Unternehmen wieder attraktiver. (10)

Änderungen kommen

Die Kritik an der üppigen Zertifikateausschüttung für Industriegasprojekte einerseits und für Projekte in China andererseits hat zumindest in der Europäischen Gemeinschaft gewirkt. Es gibt für die dritte Handelsperiode der EU keine nationalen Allokationspläne mehr, sondern eine Obergrenze für die gesamte EU von 1,97 Milliarden Tonnen CO2 im Jahr 2013. Dieser Maximalausstoß wird bis 2020 jedes Jahr um 1,74 Prozent gesenkt, sodass im Jahr 2020 höchstens noch 1,72 Milliarden Tonnen, das entspricht 79 Prozent der Emissionen von 2005, erreicht werden müssen. Die entsprechenden

Zertifikate werden auch nicht mehr kostenfrei ausgegeben, sondern es müssen größer werdende Anteile ersteigert werden. Die kostenlose Vergabe richtet sich zusätzlich nach der besten verfügbaren Technologie und nicht mehr nach den historischen Emissionsmengen. (1)

Nur noch bis 30. April 2013 können CER im Europäischen Zertifikatehandelssystem eingesetzt werden, die aus der Adipinsäureproduktion stammen. Neue CDM-Projekte werden in der EU nur noch anerkannt, wenn sie in einem der am wenigsten entwickelten Länder (LDC Least Developed Countries laut UN-Liste) erbracht werden. Projekte in China, Indien oder Brasilien sind damit nicht mehr reduktionswürdig. (1)

Als weitere Änderung werden die in Europa tätigen Fluggesellschaften in den Emissionshandel mit einbezogen. Obwohl einige Länder sehr lautstark dagegen protestierten, haben 97 Prozent aller Airlines ihre Emissionsdaten für 2011 fristgerecht an die entsprechenden Behörden gemeldet. Einzig einige chinesische und indische Fluggesellschaften haben die Meldefrist verstreichen lassen. Verhandlungen in der ICAO werden fortgesetzt. (7)

Trends

Einerseits wird der europäische Emissionshandel von Drittstaaten als zahnloser Tiger belächelt, weil die Kioto-Vertragspartner nur noch für rund 30 Prozent der Treibhausgas-Emissionen stehen. Andererseits finden sich beispielsweise sogar im größten Gegner jeglicher Klimaschutzgesetze USA Initiativen, die den europäischen Emissionshandel kopieren. Australien und Südkorea planen ein Handelssystem für Treibhausgasberechtigungen ab 2015. In Nordamerika gibt es ein ähnliches System für Energieversorger im Nordosten der USA, an dem 10 Bundesstaaten beteiligt sind (RGGI = Regional Greenhouse Gas Initiative). Zum Januar 2013 wird ein Deckelungs- und Handelssystem in Kalifornien implementiert, das als Muster für die anderen in der Western Climate Initiative zusammengeschlossenen Staaten und Provinzen der USA und Kanadas dienen könnte. Am überraschendsten ist aber die Ankündigung von China, schon im kommenden Jahr einen Probe-Emissionshandel in fünf Großstädten und zwei Provinzen nach dem Muster Europas aufzuziehen. Zwei Jahre später soll dann ganz China mit einbezogen werden. Sollten all diese Handelssysteme kompatibel gestaltet werden und sich international zusammenschließen, so könnte das dem Emissionshandel zu neuem Schwung verhelfen. Auch für CDM-Projekte wäre dann ein wesentlich breiterer Markt gegeben. Grundsätzlich hat sich allerdings erwiesen, dass Emissionsrechte nicht zu großzügig verteilt werden dürfen, will man den Klimawandel tatsächlich in den Griff bekommen. (11), (12), (13)

Fallbeispiele

Lanxess refinanziert Anlage über JI-Projekt

Bei der Firma Lanxess in Krefeld-Uerdingen wurde eine zehn Millionen Euro teure Anlage zur Reduktion von Lachgas in Betrieb genommen. Die Anlage kann bis zu 5 000 Tonnen Lachgas pro Jahr neutralisieren. Ein Teil der Investitionskosten wurde im Rahmen eines JI-Projekts refinanziert. (9)

CDM-Projekt der Allianz liefert Energiesparlampen nach Indien

Ein klassisches CDM-Projekt führt der Versicherungskonzern Allianz in Indien durch. Dort sollen 8,5 Millionen konventionelle Glühbirnen in Haushalten mit geringem bis mittleren Einkommen durch Energiesparlampen ersetzt werden. 370 000 Tonnen CO_2 sollen dadurch pro Jahr eingespart werden. Die Haushalte profitieren von niedrigeren

Stromkosten. (14)

Novacel organisiert CDM-Projekte in Zentralafrika

Novacel führt in Zentralafrika CDM-Projekte durch. Kahlflächen werden mit schnell wachsenden Akazien begrünt, Maniok wird zusätzlich als Nahrungsmittel angebaut. Durch die 4 200 Hektar Akazienwald können bis zu einer Million Tonnen Kohlendioxid gespeichert werden, wofür Emissionsreduktionszertifikate verkauft werden können. Danone ist neuester Kunde von Novacel - weitere 2 400 Hektar sollen neu bepflanzt werden. 350 000 Tonnen CO2-Zertifikate wird Danone zum Preis von insgesamt 1,6 Millionen Euro erhalten. Um den Akazienwald herum haben sich Menschen angesiedelt, die durch die Maniok-Produktion Arbeit gefunden haben. (15)

Weiterführende Literatur

(1) Verwendung von CER in der dritten Handelsperiode
aus www.powernews.org Meldung vom 17.01.2012 - 09:44

(2) Hohe Ziele und niedrige Erwartungen
aus Stuttgarter Zeitung, 28.11.2011, S. 18

(3) Surprising Deal Reached At UN Climate Change Negotiations In Durban.
aus Mondaq Business Briefing (MONDBUSB) (2011) page NA

(4) Bloß keine Hektik KLIMA Der Gipfel von Durban beschließt, bis zum Jahr 2015 einen Klimavertrag zu erarbeiten, der 2020 in Kraft treten könnte, wobei unklar bleibt, wie verbindlich dieses Abkommen wird. Umweltminister Röttgen: "Ein wegweisender Erfolg"
aus taz, 12.12.2011, S. 01

(5) (dapd - Hintergrund) Von Annex-I bis UNFCCC - Das Klimaschutz-Glossar
aus dapd nachrichtenagentur vom 25.11.2011, 11.09 Uhr

(6) Die Allianz zusammenhalten - In Bonn wird wieder über die Rettung des Klimas verhandelt - die EU will Vorreiter bleiben
aus Badische Zeitung vom 22.05.2012, Seite 15

(7) EU sieht Überschuss von 900 Mio. Emissionsrechten
aus www.powernews.org Meldung vom 16.05.2012 - 10:21

(8) CDM-/JI-Zertifikate wurden verstärkt genutzt
aus www.powernews.org Meldung vom 03.05.2012 -

13:20

(9) Lachgas-Reduzierung am Standort Krefeld-Uerdingen Lara neutralisiert Klimakiller
aus cav chemie-anlagen + verfahren, Heft 3, 2012, S. 48

(10) Preiswerter Klimakiller - Für die Wirtschaft ist es derzeit günstig, Kohlendioxid auszustoßen / Damit wird der Umstieg auf umweltfreundliche Techniken gebremst / Von Bernward Janzing
aus Badische Zeitung vom 14.04.2012, Seite 20

(11) Asien will von Europa lernen KLIMASCHUTZ China, Südkorea, Australien führen in naher Zukunft den Handel mit Kohlendioxid-Verschmutzungsrechten ein. So soll die Atmosphäre geschützt werden
aus taz, 25.05.2012, S. 09

(12) California Launches Cap And Trade - Will Other WCI Jurisdictions Follow? California. Air Resources Board
aus Mondaq Business Briefing (MONDBUSB) (2011) page NA

(13) The Economics of RGGI: A Net Positive, Particularly For New England. Regional Greenhouse Gas Initiative
aus Mondaq Business Briefing (MONDBUSB) (2011) page NA

(14) Energiesparlampen für Indien
aus Frankfurter Rundschau vom 07.02.2012, Seite 15

(15) Im kongolesischen Hinterland wächst "grüne Industrie"
aus Frankfurter Allgemeine Zeitung, 02.12.2011, Nr. 281, S. 16

Impressum

Emissionsrechte - CDM/JI-Mechanismen ändern sich

Bibliografische Information der deutschen Nationalbibliothek

Die Deutsche Nationalbibliothek verzeichnet diese Publikation in der deutschen Nationalbibliografie; detaillierte bibliografische Daten sind im Internet über http://dnb.d-nb.de abrufbar.

ISBN: 978-3-7379-1532-8

© 2015 GBI-Genios Deutsche Wirtschaftsdatenbank GmbH, Freischützstraße 96, 81927 München, www.genios.de

Alle Rechte vorbehalten. Dieses Werk ist einschließlich aller seiner Teile – z.B. Texte, Tabellen und Grafiken - urheberrechtlich geschützt. Jede Verwertung außerhalb der Grenzen des Urheberrechtsgesetzes bedarf der vorherigen Zustimmung des Verlags. Dies gilt insbesondere auch für auszugsweise Nachdrucke, fotomechanische Vervielfältigungen (Fotokopie/Mikroskopie), Übersetzungen, Auswertungen durch Datenbanken oder ähnliche Einrichtungen und die Einspeicherung und Verarbeitung in elektronischen Systemen.